essentials

Essentials liefern aktuelles Wissen in konzentrierter Form. Die Essenz dessen, worauf es als „State-of-the-Art" in der gegenwärtigen Fachdiskussion oder in der Praxis ankommt. Essentials informieren schnell, unkompliziert und verständlich.

- als Einführung in ein aktuelles Thema aus Ihrem Fachgebiet
- als Einstieg in ein für Sie noch unbekanntes Themenfeld
- als Einblick, um zum Thema mitreden zu können.

Die Bücher in elektronischer und gedruckter Form bringen das Expertenwissen von Springer-Fachautoren kompakt zur Darstellung. Sie sind besonders für die Nutzung als eBook auf Tablet-PCs, eBook-Readern und Smartphones geeignet.

Essentials: Wissensbausteine aus den Wirtschafts, Sozial- und Geisteswissenschaften, aus Technik und Naturwissenschaften sowie aus Medizin, Psychologie und Gesundheitsberufen. Von renommierten Autoren aller Springer-Verlagsmarken.

Christian Arnold · Christoph Klee

Akzeptanz von Produktinnovationen

Eine Einführung

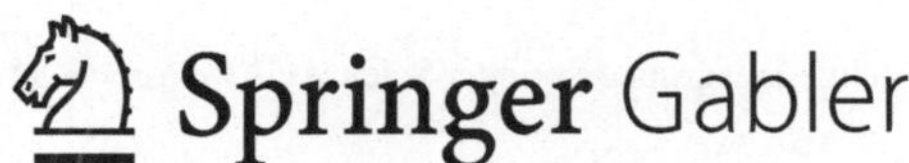

Prof. Dr. Christian Arnold
Hochschule für Wirtschaft, Technik und Kultur
Baden-Baden
Deutschland

Christoph Klee (M.A.)
BASF
Ludwigshafen
Deutschland

ISSN 2197-6708 ISSN 2197-6716 (electronic)
essentials
ISBN 978-3-658-11536-4 ISBN 978-3-658-11537-1 (eBook)
DOI 10.1007/978-3-658-11537-1

Die Deutsche Nationalbibliothek verzeichnet diese Publikation in der Deutschen National bibliografie; detaillierte bibliografische Daten sind im Internet über http://dnb.d-nb.de abrufbar.

Springer Gabler

Gedruckt auf säurefreiem und chlorfrei gebleichtem Papier

Springer Fachmedien Wiesbaden ist Teil der Fachverlagsgruppe Springer Science+Business Media
(www.springer.com)

Inhaltsverzeichnis

Einleitung 1

Rasch wandelnde Kundenanforderungen und immer kürzer werdende Technologielebenszyklen zwingen Anbieter, innovative Produkte immer zügiger zu entwickeln und am Markt zu platzieren (Cooper 2010). Fehlende Innovationsbereitschaft führt hingegen schnell zu einem Verlust der Wettbewerbsposition und reduziert die Fähigkeit, die Renditeerwartungen der Kapitalgeber nachhaltig zu befriedigen (Veryzer 1998; Nittbaur 2007; Cooper 2010). Es kann daher nicht überraschen, dass immer häufiger und immer mehr Innovationen am Markt erscheinen, deren Entwicklung und Vermarktung allerdings regelmäßig mit erheblichen Ressourcenbelastungen einhergehen. Der Nachfrager ist wiederum mit einer Innovationsflut konfrontiert, mit der er sich schon aufgrund seiner begrenzten Informationsverarbeitungskapazitäten nicht mehr adäquat auseinandersetzen kann (Regier 2007; Trommsdorff und Teichert 2011). Anbietern ist daher zu raten, die Analyse der nachfragerseitigen Akzeptanz von neuen Produkten und Technologien in allen Phasen des Innovationsprozesses nachhaltig zu verankern.

Möglich ist außerdem, dass die Akzeptanz einer prinzipiell marktreifen Innovation von nachfragerseitigen Widerständen blockiert wird. Ein typisches Beispiel findet sich bei den von Accenture entwickelten Automated Purchasing Objects, die dem Anwender zwar ökonomisch relevante Entscheidungen abnehmen, ihn damit aber in seinem Entscheidungsspielraum einengen und psychologische Reaktanz auslösen (Arnold 2015). Erkennt der Innovierende Akzeptanzblockaden rechtzeitig, kann er die betreffenden Produkteigenschaften entweder in geeigneter Weise modifizieren oder er kann darauf vertrauen, dass der Anwender Einengungen hinnimmt und sich die Innovation ohne Änderungen durchsetzt. Die letztgenannte Vorgehensweise mag dann erfolgversprechend sein, wenn der Nutzer über keine adäquaten Alternativen verfügt, beispielsweise weil er de facto von einer abzulösenden Vorgängertechnologie abhängig ist oder weil die negativ wahrgenommenen Eigenschaften der Innovation erst während des Produktgebrauchs auftreten und

C. Arnold, C. Klee, *Akzeptanz von Produktinnovationen,* essentials,
DOI 10.1007/978-3-658-11537-1_1

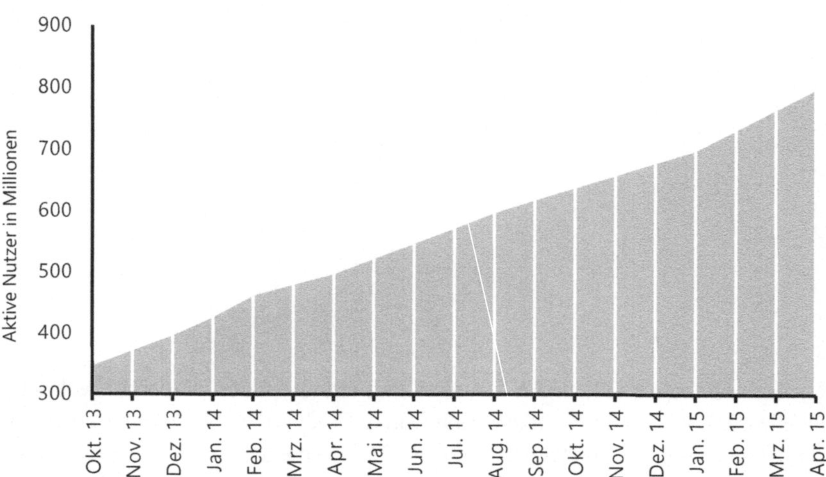

Abb. 1.1 Aktive WhatsApp-Nutzer. (Quelle: Statista 2015)

der Wechsel zu einem anderen Produkt mit erheblichen Hürden einhergeht. Ein prototypisches Beispiel findet sich bei dem Chat-Dienst WhatsApp, dessen Akquisition durch Facebook im Februar 2012 bei vielen Anwendern mit der Befürchtung weitgehender De-Anonymisierung verbunden war. Bereits eine rudimentäre Inspektion der Nutzerzahlen zeigt jedoch, dass der genannte Vorgang keine negativen Auswirkungen auf die Diffusion des Dienstes hatte (siehe Abb. 1.1), was sich leicht mit der noch zu besprechenden Theorie erlernter Hilflosigkeit erklären lässt.

Im Folgenden findet der Leser Erläuterungen zum Begriff der Produktinnovation und einige Anmerkungen zur betriebswirtschaftlichen Erfolgsforschungstradition (Kap. 2). Außerdem liefert diese Ausarbeitung eine Einführung in bedeutende Konzepte der Akzeptanzforschung (Kap. 3). Im Anschluss werden Widerstände diskutiert, die die Akzeptanz einer Produktinnovation unter bestimmten Umständen blockieren können (Kap. 4). Abschließend erfolgt eine kurze Schlussbetrachtung (Kap. 5).

2 Produktinnovationen aus betriebswirtschaftlicher Sicht

In der Betriebswirtschaftslehre, insbesondere in der Sphäre des praktischen Marketings, ist die Akzeptanzforschung ein zwar bedeutender, aber unterrepräsentierter Zweig der Erfolgsforschung, der sich dennoch vor allem im Zusammenhang mit Technologieinnovationen einiger Beliebtheit erfreut. Eine definitorische Auseinandersetzung mit den Begriffen „Innovation" und „Erfolgsforschung" ist daher den Erläuterungen zur Akzeptanzforschung voranzustellen.

2.1 Zum Innovationsbegriff

Aus der Literatur ist keine einheitliche Bestimmung des Begriffs „Innovation" abzuleiten. Die inhaltliche Ausgestaltung ist dabei abhängig von der jeweiligen Perspektive aus der das Innovationskonstrukt betrachtet wird. Aus Sicht des innovierenden Unternehmens sind Innovationen bspw. als eine Verwertung neuartiger Produkte oder Prozesse charakterisierbar, wohingegen die Begriffsbestimmung aus der Perspektive der Verwender häufig an der subjektiven Wahrnehmung der Neuartigkeit bzw. der – durch die Innovation implizierte – Veränderung gewohnter Verhaltensweisen ansetzt (Hauschildt und Salomo 2007).

Die Sicht des Anbieters Vahs und Burmester (2013) differenzieren Innovationen unternehmensinnenzentriert mithilfe der Kriterien Gegenstandbereich, Auslöser, Neuheitsgrad und Veränderungsumfang; letztgenannter Aspekt bezieht sich auf unternehmensinterne Veränderungen, die im Zuge der Realisierung von Innovationen notwendig sind. Zu bevorzugen ist allerdings die Perspektive von Ziamou (1999), die produktspezifische Charakteristika, nicht aber unternehmensinterne Prozesse und Strukturen in das Zentrum der Betrachtung rückt. Hiernach ist zwischen

C. Arnold, C. Klee, *Akzeptanz von Produktinnovationen,* essentials,
DOI 10.1007/978-3-658-11537-1_2

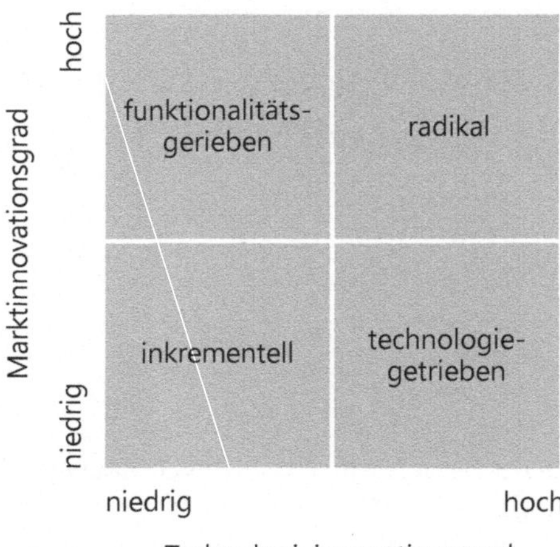

Abb. 2.1 Marktinnovations- und Technologieinnovationsgrad. In Anlehnung an Trommsdorff und Steinhoff (2013)

- inkrementellen,
- technologiegetriebenen,
- funktionalitätsgetriebenen und
- radikalen Innovationen

zu unterscheiden. Zur Konkretisierung dieser Innovationsarten eignet sich ein Rückgriff auf die von Trommsdorff und Steinhoff (2013) diskutierten Dimensionen Markt- und Technologieinnovationsgrad. Technologische Innovationen ergeben sich durch den Einsatz neuer Technologien. Marktseitige Innovationen bewirken marktliche Veränderungen, wie beispielsweise die Verschiebung von Marktkräften. Eine grafische Repräsentation der vorgetragenen Überlegungen findet sich in Abb. 2.1.

Die Sicht des Verwenders Ein Perspektivenwechsel hin zum Verwender wird bei der Klassifizierung von Innovationen nach Robertson (1961) vorgenommen, der diese anhand des Einflusses auf die Veränderung von Gewohnheiten charakterisiert und drei Innovationsarten unterscheidet:

- Kontinuierliche Innovationen erfordern keine Gewohnheitsänderungen, alte und neue Gebrauchsmuster gehen fließend ineinander über (ergänzend Binsack 2003).
- Dynamisch-kontinuierliche Innovationen haben deutliche Gewohnheitsänderungen zur Folge.
- Diskontinuierliche Innovationen implizieren neuartige Verhaltens- und Gebrauchsmuster. Entsprechende Beispiele finden sich leicht im Bereich der Informationstechnologie.

Die Diffusionsforschung charakterisiert Innovationen ebenfalls anwenderzentriert mithilfe der Eigenschaften relativer Vorteil, Komplexität, Prüfbarkeit, Beobachtbarkeit und Komplexität (vertiefend siehe Punkt 3.2).

Die integrierende Sicht Danneels und Kleinschmidt (2001) kombinieren die Nachfrager- und Unternehmensperspektive und systematisieren Innovationen anhand der Konstrukte

- Neuheitsgrad für den Verwender und
- Neuheitsgrad für das Unternehmen.

Aus dieser Sicht wird der Innovationsgrad aus Sicht der Verwender von den Faktoren Innovationseigenschaften, Risiko und Verhaltensänderung determiniert. Aus der Perspektive des Unternehmens ergibt er sich durch die Ausprägungen der Dimensionen marktliche und technologische Neuartigkeit, sowie Fit der Innovation zu vorhanden Ressourcen (Danneels und Kleinschmidt 2001).

Erkenntnisse Im vorangegangenen Abschnitt wurde lediglich ein Auszug aus den vielzählig vorhandenen Systematisierungen beleuchtet. Es ist dennoch festzustellen, dass die Ansätze hinsichtlich der verwendeten Systematisierungskriterien divergieren. Infolgedessen unterscheiden sich diese auch hinsichtlich der identifizierten Innovationsarten. Der Neuheitsaspekt ist jedoch, mit verschiedenen inhaltlichen Ausgestaltungen, als gemeinsames Merkmal der betrachteten Systematisierungsansätze zu destillieren. Dieser wird regelmäßig als ein Kontinuum mit den Endpolen

- inkrementell und
- radikal

skizziert (Binsack 2003; Hauschildt und Salomo 2007; Trommsdorff und Steinhoff 2013). Die Komplexität und Mehrdimensionalität, sowie die in der marketing- und adoptionstheoretischen Forschung postulierten Subjektivität des Neuheitsgrades erschweren jedoch die Einordnung von neuen Produkten entlang des Neuheitskontinuums (Binsack 2003; Hauschildt und Salomo 2007). Die heterogene Interpretation des Neuheitsaspekts hat zur Folge, dass sowohl in der Literatur, als auch in der empirischen Forschung keine allgemeingültigen Systematisierungsansätze zu finden sind. Wird ein Produkt als neu wahrgenommen, handelt es sich, unter Bezugnahme der adoptionstheoretischen Sichtweise, um eine Innovation: „An innovation is an idea, practice, or object that is perceived as new by an individual or other unit of adoption“ (Rogers 1983, S. 11). Eine ähnliche Auffassung zum

Innovationsbegriff vertritt Homburg (2015, S. 556), der postuliert, dass „jedes Produkt (bzw. jede Produktidee), das (die) von den Kunden als neu wahrgenommen wird“, als Produktinnovation zu verstehen ist.

2.2 Erfolgsforschung

Die hohe Misserfolgsrate von Produktinnovationen über verschiedene Branchen hinweg, verdeutlicht die Notwendigkeit der empirischen Erfolgsforschung (Ashwin und Sharma 2004; Trommsdorff und Steinhoff 2013). Das Ziel der Erfolgsforschung ist es, Faktoren zu identifizieren, die einen signifikanten Einfluss auf den Innovationserfolg haben (Steinhoff 2006). Wenngleich die empirische Erfolgsfaktorenforschung eine hohe Wichtigkeit besitzt, werden in der Literatur einige berechtigte Kritikpunkte diskutiert. Die methodische Vorgehensweise der empirischen Erfolgsfaktorenforschung ist nicht normiert (Trommsdorff und Steinhoff 2013). Vielmehr werden in der Regel unterschiedliche qualitative und quantitative Analysemethoden auf eine Stichprobe von Unternehmen aus verschiedenen Branchen, Größen und Rechtsformen angewandt, um Faktoren zu identifizieren, welche zwischen Erfolg und Misserfolg diskriminieren (exemplarisch Steinhoff 2006). Dies hat zur Folge, dass die Erkenntnisse der Studien zur kausalen Wirkungsrichtung und -stärke teils erheblich voneinander abweichen (Montoya-Weiss und Calantone 1994; Henard und Szymanski 2001). Die uneinheitliche Operationalisierung des Erfolgskriteriums macht die Vergleichbarkeit der Studien kaum möglich (Hauschildt und Salomo 2007). Zudem bestehen in vielen Untersuchungen Gültigkeitsprobleme der Datenerhebung und -auswertung, weil häufig auf traditionelle und nicht auf methodisch fortschrittliche Verfahren zurückgegriffen wird (Trommsdorff und Steinhoff 2013). Die oftmals tief angelegte Erhebung der Daten mittels Fragebögen führt dazu, dass die daraus gewonnen Erkenntnisse auf subjektiven Wahrnehmungen und Beurteilungen in Abhängigkeit der Einschätzung von Befragten unterschiedlicher Funktionsbereiche und Hierarchiestufen beruhen, wodurch der so genannte „informant bias“ entstehen kann (Hauschildt und Salomo 2007). In vielen Fällen haben die Studien nur einen deskriptiven Anspruch und beruhen nicht auf induktiven Verfahren (Trommsdorff und Steinhoff 2013). Zudem sind die Studien häufig von einer subjektiven Vorauswahl relevanter Einflussfaktoren aus Sicht des Forschers geprägt, wodurch potenziell erfolgswirksame Einflussgrößen schon im Vorhinein ausscheiden (Trommsdorff und Steinhoff 2013). Unter Berücksichtigung dieser Kritikpunkte können dennoch insbesondere aus metaanalytischen Studien und Synopsen relevante Anhaltspunkte zu erfolgsrelevanten Faktoren gewonnen werden, da sie Faktoren identifizieren, die sich als erfolgskritisch herausgestellt haben (Trommsdorff und Steinhoff 2013). Tabelle 2.1 liefert einen Überblick über die Ergebnisse relevanter Metastudien.

Tab. 2.1 Erfolgsfaktoren

Montoya-Weiss und Calantone (1994)		
(1)	Produktvorteil	Der aus Kundenperspektive wahrgenommene Zusatznutzen der Innovation, im Hinblick auf Faktoren wie Qualität, Funktionalität
(2)	Marketing-synergie	Der Fit zwischen projektspezifischen Aufwendungen und unternehmensinternen Ressourcen und Marketingfähigkeiten wie bspw. Werbung, Marktforschung oder Kundenservice
(3)	Strategie	Grundlegende strategischen Ausrichtung des Unternehmens (z. B. defensiv, reaktiv, proaktiv)
(4)	Protokoll	Firmenwissen und Verständnis für spezifische Marketing- und Technikaspekte im Vorfeld der Produktentwicklung (z. B. Zielmarkt, Kundenbedürfnisse)
(5)	Marketingaktivitäten	Spezifische Kenntnisse zu Marketingforschung, Prototyp-Tests, Werbung, Vertrieb oder Produktlaunches
(6)	Interne und externe Beziehungen	Funktionsweise der Koordination innerhalb und Kooperation zwischen Unternehmen (z. B. Kommunikation zwischen Abteilungen und externen Unternehmen)
(7)	Organisationale Faktoren	Organisationale Struktur des Unternehmens, v. a. im Hinblick auf Projekte der Neuproduktentwicklung. Beinhaltet Aspekte wie unternehmensinternes Klima, Größe, Zentralisierungsgrad, Vergütungsstruktur
Henard und Szymanski (2001)		
(1)	Produktvorteil	Überlegenheit und/oder Differenzierung zu Wettbewerbsprodukten
(2)	Marktpotenzial	Erwartete Kundennachfrage
(3)	Kundenbedürfnisse	Ausmaß, in dem das Neuprodukt vom Kunden als bedürfnisbefriedigend wahrgenommen wird
(4)	Vorentwicklungskompetenz	Professionalisierungsgrad mit dem Vor-Launch-Aktivitäten durchgeführt werden (z. B. Ideenfindung, Marktforschung, Finanzanalyse)
Evanschitzky et al. (2012)		
(1)	Technologische Synergie	Kongruenz der technologischen Fähigkeiten des Unternehmens und den notwendigen technologischen Fähigkeiten für einen erfolgreichen Produktlaunch
(2)	Personelle Ressourcen	Eingesetzte Humanressourcen
(3)	F + E Ressourcen	Eingesetzte Ressourcen aus den Bereichen Forschung und Entwicklung
(4)	Strategische Orientierung	Grundlegende Stoßrichtung der unternehmerischen Aktivitäten
(5)	Marktorientierung	Orientierung des Unternehmens am Wettbewerb, am Marktumfeld und an internen Anspruchsgruppen
(6)	Launch-Professionalität	Professionalisierungsgrad mit dem ein Unternehmen Innovationen im Markt einführt

Die Extraktion signifikanter Erfolgsfaktoren führt zu der Erkenntnis, dass die Akzeptanz der Nachfrager weitgehend unbeachtet bleibt. Ungeachtet der in der Innovationsforschung postulierten und oftmals anbieterzentriert anmutenden Erfolgsfaktoren ist es zweifelsfrei auch aus betriebswirtschaftlicher Perspektive höchst bedeutsam, dass Innovationen von der Nachfragerseite angenommen werden.

Akzeptanzforschung 3

3.1 Zum Akzeptanzbegriff

Der Akzeptanzbegriff wird interdisziplinär verwendet und quasi-zyklisch neu ausgestaltet (Kroeber-Riel und Gröppel-Klein 2013), weswegen Lucke (1995) eine wahrhaftige „Verwendungskarriere“ attestiert. Im gesellschaftlichen Kontext bezieht sich Akzeptanz beispielsweise auf die Umsetzung von politischen Entscheidungen, im Organisationsentwicklungskontext ist die Rede von Akzeptanz bei der Einführung neuer Informationssysteme und im unternehmerischen Kontext spricht man von Akzeptanz bei der Einführung neuer Produkte (Simon 2001). Kollmann (1998) bezeichnet Akzeptanz als „Schlüsselbegriff“ innerhalb der gesellschaftlichen und sozialwissenschaftlichen Diskussion, dem vor allem für die Erfolgsmessung und -prognose technologischer Innovationen eine bedeutende Rolle zukommen sollte, da „die Einführung von Neuerungen durchaus nicht gleichbedeutend mit deren Akzeptanz durch die Menschen ist, so dass nicht alles, was technisch möglich scheint, auch unmittelbaren absatzorientierten Erfolg verspricht“ (Kollmann 1998, 2 f.).

Nach Ansicht von Kollmann (1998) muss das klassische Begriffsverständnis von Akzeptanz, das eng mit dem Einstellungskonstrukt verbunden und daher einer motivationalen, aktivierenden Ebene zuzuordnen ist, für Fragestellungen aus dem Marketing dynamisiert werden. Der dynamische Ansatz zur Begriffsbestimmung von Akzeptanz impliziert allerdings mehrere Messzeitpunkte, weil der Akzeptanzprozess vor (Einstellungsphase), während (Handlungsphase) und nach dem Kauf bzw. der Nutzung (Nutzungsphase) stattfindet. Müller-Böling und Müller (1986) plädieren ebenfalls für eine holistische Auslegung des Akzeptanzbegriffs, der ihrer Meinung nach sowohl die Einstellungs-, als auch die Verhaltensakzeptanz umschließen sollte. Erstgenannte ist nach Ansicht der Autoren mehrdimensional und umfasst

C. Arnold, C. Klee, *Akzeptanz von Produktinnovationen,* essentials,
DOI 10.1007/978-3-658-11537-1_3

- die affektive (gefühlsmäßige),
- die kognitive (spezifische Vorstellungen) und
- die konative Komponente (Handlungstendenz).

Die Verhaltensakzeptanz ist hingegen gleichzusetzen mit der tatsächlichen Nutzung und ist nur außerhalb einer Befragungssituation observierbar (Müller-Böling und Müller 1986).

3.2 Diffusionstheorie

Als traditioneller Ankerpunkt der Akzeptanzforschung gelten im Allgemeinen diffusionstheoretische Überlegungen (Wiswede 2012). Nach Rogers (1983, S. 5) ist Diffusion der Kommunikationsprozess, der die Verbreitung der Innovationen unter den Mitgliedern eines sozialen Systems über bestimmte Kanäle ermöglicht: „Diffusion is the process by which an innovation is communicated through certain channels over time among the members of a social system." Davon abzugrenzen ist der Innovations-Entscheidungsprozess (Adoptionsprozess), der die Übernahme der Innovation durch ein Individuum umfasst (Karnowski 2011).

Innovations-Entscheidungsprozess Laut Rogers (1983) haben Individuen bestimmte Erfahrungen, Probleme bzw. Bedürfnisse, eine mehr oder weniger ausgeprägte Innovationsneigung und sie werden von ihrem sozialen Umfeld beeinflusst. Diese Vorbedingungen wirken auf den Innovations-Entscheidungsprozess ein, der folgendermaßen zu verstehen ist: „The innovation-decision process is the process through which an individual (or other decision-making unit) passes from first knowledge of an innovation to forming an attitude toward the innovation, to a decision to adopt or reject, to implementation and use of the new idea, and to confirmation of this decision" (Rogers 1983, S. 20). Er kann idealtypisch in die Phasen Wissen (knowledge), Überzeugung (persuasion), Entscheidung (decision), Implementierung (implementation) und Besätigung (confirmation) zerlegt werden. Eine grafische Aufbereitung findet sich in Abb. 3.1.

Im Rahmen der ersten Phase „Wissen" erlangt das Individuum Kenntnis über eine Innovation und deren Funktionsweise; der Wissenserwerb wird dabei

- von sozioökonomischen Eigenschaften (Bildung, Schulabschluss, etc.),
- von Persönlichkeitsmerkmalen (Offenheit, Gewissenhaftigkeit, etc.) und
- von dem Kommunikationsverhalten (interpersonale Kommunikation, Nutzung von Massenmedien, etc.) des Individuums beeinflusst (Karnowski 2011).

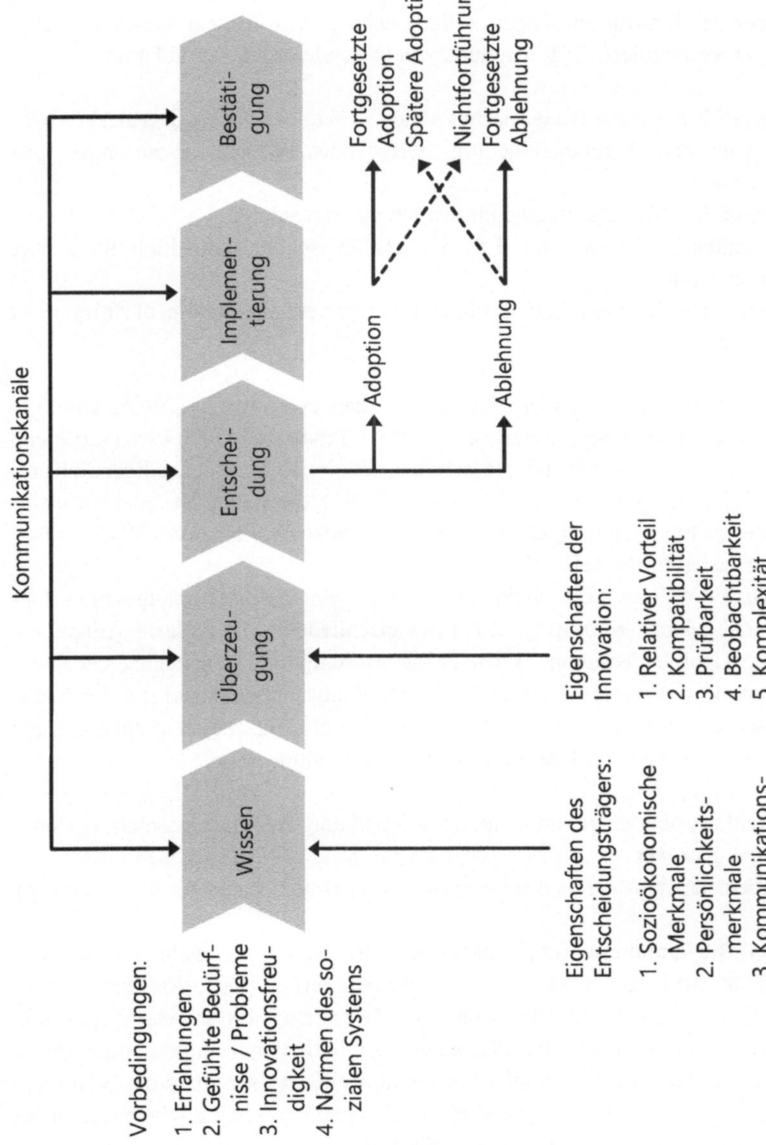

Abb. 3.1 Innovations-Entscheidungsprozess (Rogers 1983, S. 165)

Die Phase „Überzeugung“ mündet in einer positiven oder negativen Einstellung gegenüber der Innovation. Rogers (1983) behauptet in diesem Zusammenhang, dass die korrespondierende Einstellung von folgenden Kriterien abhängt:

1. Relativer Vorteil: Nutzenvorteil der Innovation im Vergleich zur Vorgängertechnologie.
2. Kompatibilität: Vereinbarkeit mit bestehenden Werten, Erfahrungen und Bedarfen.
3. Prüfbarkeit: Möglichkeit, eine Innovation auszuprobieren.
4. Beobachtbarkeit: Grad, mit dem die Ergebnisse der Innovation für andere erkennbar sind.
5. Komplexität: Schwierigkeit, die Innovation zu verstehen und bedürfnisgerecht zu benutzen.

Zur Messung der genannten Eigenschaften finden sich zwar eine Reihe von Skalen, die aber unisono psychometrisch instabile Tendenzen aufweisen (vertiefend Karnowski 2011). Eine psychometrisch und faktoranalytisch befriedigende Kurzskala liefern hingegen Moore und Benbasat (1991), die sie am Beispiel der wahrgenommenen Innovationseigenschaften von Personal Workstations (PWS) entwickeln und testen (siehe Tab. 3.1).

Im Zuge der Phase „Entscheidung“ wird die Innovation übernommen (Adoption) oder abgelehnt (Karnowski 2011) und anschließend – im Falle der Adoption – verwendet („Implementierung“). Die Phase „Bestätigung“ ist gekennzeichnet von Dissonanzen (vertiefend Festinger 1957) und damit einhergehend mit der Suche nach dissonanzreduzierenden Informationen, die die Entscheidung stützen. Laut Rogers (1983) wird die Adoption dann nicht fortgeführt, wenn

- eine andere, überlegene Innovation zur Verfügung steht (replacement discontinuance) oder wenn
- der Übernehmer mit der Innovation unzufrieden ist (disenchantment discontinuance).

Diffusion Die kumulierte Adoptionsrate einer Innovation innerhalb eines sozialen Systems hat laut Rogers (1983) einen S-kurvigen Verlauf (Diffusionskurve), da er annimmt, dass die Zahl der Übernehmer im Zeitverlauf normalverteilt ist (Adoptionskurve). Eine grafische Repräsentation der Diffusions- und Adoptionskurve findet sich in Abb. 3.2; es sei allerdings darauf hingewiesen, dass die S-Kurven-Behauptung durchaus kritisch gesehen werden kann und zahlreiche andersartige Wachstumsmodelle existieren (exemplarisch Mahajan et al. 1990).

Mithilfe der Adoptionskurve können idealtypische Adoptortypen unterschieden werden (Freiling und Reckenfelderbäumer 2010; Karnowski 2011):

- Innovatoren (Innovators) zeichnen sich durch ein hohes Maß an Probier- und Risikobereitschaft aus. Sie haben typischerweise weitreichende soziale Kontakte und sind weiträumig vernetzt.
- Frühe Übernehmer (Early adopters) sind gut vernetzte Meinungsführer, die häufig von ihrem Umfeld um Rat gefragt werden und Vorbildfunktion haben.
- Die frühe Mehrheit (Early majority) umfasst Individuen, die zwar sozial gut vernetzt sind, aber keine Meinungsführer darstellen.
- Die späte Mehrheit (Late majority) ist zögerlich und übernimmt Innovationen aufgrund ökonomischer Sachzwänge oder aufgrund sozialen Drucks.
- Nachzügler (Laggards) sind traditionsbewusst und misstrauisch gegenüber Innovationen.

Beispielhafte Studien Es finden sich zahlreiche Untersuchungen zur Adoption und Diffusion von Produktinnovationen. Exemplarisch seien Libai, Muller und Peres (2009) genannt, die die Diffusion innovativer Services mit den Kernaussagen des Customer Relationship Management-Ansatzes verbinden. Naseri und Elliott

Tab. 3.1 Reflektive Messung der Eigenschaften einer Innovation. (Quelle: Moore und Benbasat (1991, S. 216))

Relative advantage (Relativer Vorteil)	
(1)	Using a PWS enables me to accomplish tasks more quickly
(2)	Using a PWS improves the quality of work I do
(3)	Using a PWS makes it easier to do my job
(4)	Using a PWS enhances my effectiveness on the job
(5)	Using a PWS gives me greater control over my work
Compatibility (Kompatibilität)	
(1)	Using a PWS is compatible with all aspects of my work
(2)	I think that using a PWS fits well with the way I like to work
(3)	Using a PWS fits into my work style
Trialability (Prüfbarkeit)	
(1)	Before deciding whether to use any PWS apps, I was able to properly try them out
(2)	I was permitted to use a PWS on a trial basis long enough to see what it could do
Visibility (Beobachtbarkeit)	
(1)	In my organization, one sees PWS on many desks
(2)	PWS are not very visible in my organization
Ease of use (Komplexität)	
(1)	My interaction with a PWS is clear and understandable
(2)	I believe that it is easy to get a PWS to do what I want it to do
(3)	Overall, I believe that a PWS is easy to use
(4)	Learning to operate a PWS is easy for me

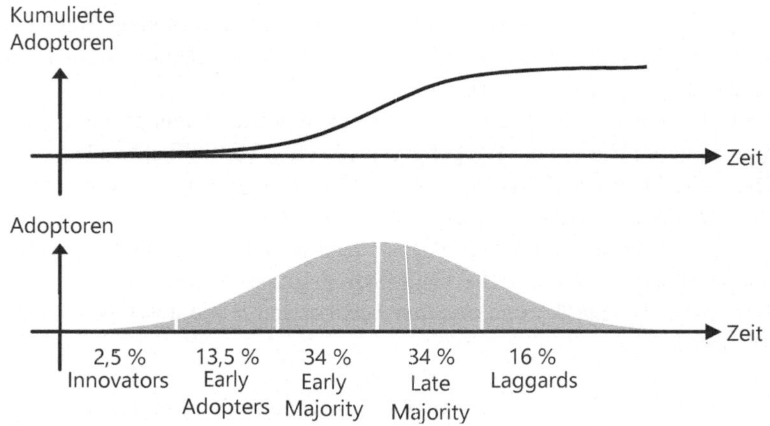

Abb. 3.2 Diffusions- und Adoptionskurve. (In Anlehnung an: Rogers (1983, S. 247))

(2013) analysieren die Diffusion von Online-Shopping in Australien mithilfe verschiedener Wachstumsmodelle. Eine ebenfalls beachtliche Meta-Analyse zur Diffusionstheorie liefern Li und Sui (2011).

3.3 Theory of Reasoned Action und Theory of Planned Behavior

Neben diffusionstheoretischen Ausarbeitungen finden sich zahlreiche Partialtheorien, mit deren Hilfe konkrete Adoptionsprozesse zumindest grobschlächtig erklärt werden können. In diesem Zusammenhang sind die Theory of Reasond Action (TRA) und die hierauf aufbauende Theory of Planned Behavior (TBP) beachtenswert, die erstens mit einem sparsamen Grundmodell ausgerüstet und zweitens leicht auf konkrete Erkenntnisbereiche anwendbar sind.

Theroy of Reasoned Action Die Theory of Reasoned Action (TRA) beruht auf dem Axiom, dass sich Menschen normalerweise vernünftig verhalten, weswegen sie verfügbare Informationen implizit oder explizit berücksichtigen, um Verhaltensabsichten zu entwickeln und darauf aufbauende Verhaltensmuster durchzuführen (Ajzen 1985). Diesem Grundgedanken liegt eine Kausalkette zugrunde, an deren Ende ein konkretes Verhalten steht, das eine Wahrscheinlichkeitsfunktion der Verhaltensabsicht ist. Es gilt daher: Je stärker die Verhaltensabsicht, desto höher ist die Wahrscheinlichkeit, dass das Verhalten tatsächlich ausgeführt wird (Gollwitzer und Schmitt 2006). Die Verhaltensabsicht wird wiederum von den interdependenten Variablen Einstellung gegenüber dem Verhalten und soziale Norm determiniert, deren Bedeutungsgewichte von der konkreten Situation abhängen (Hale et al. 2002). Einstellung und subjektive Norm sind hierbei folgendermaßen zu verstehen (Fishbein und Ajzen 2010):

- Die Einstellung gegenüber dem Verhalten (Attitude Toward the Behavior) repräsentiert die persönliche Komponente und konstituiert sich aus Überzeugungen (Beliefs) und deren Bewertung hinsichtlich des zu erwartenden Ergebnisses.
- Subjektive Norm (Subjective Norm) verweist auf den perzipierten sozialen Druck, der mit der Realisierung oder Nicht-Realisierung einer Verhaltensweise verbunden ist. Er entsteht durch die Annahme, dass andere Mitglieder des sozialen Systems die Ausführung des Verhaltens billigen oder missbilligen können. Die subjektive Norm repräsentiert somit die Überzeugung des Individuums, „dass Mitmenschen, die ihnen wichtig sind, von ihnen erwarten, dass sie sich in einer bestimmten Weise verhalten bzw. dass sie von einem bestimmten Verhalten absehen“ (Kroeber-Riel und Gröppel-Klein 2013, S. 235).

Die TRA wurde in verschiedenen empirischen Forschungsgebieten erfolgreich getestet, weswegen Frey, Stahlberg und Gollwitzer (1993, S. 371) zu dem Schluss kommen: „in der Mehrzahl der Untersuchungen [...] konnte das jeweils in Frage stehende Verhalten gut prognostiziert werden“. Dennoch findet sich Kritik, in deren Rahmen behauptet wird, dass die TRA nur dann geeignet sei, Verhalten auf Grundlage von Absichten vorherzusagen, wenn zum einen

- die Intension kurz vor der Ausführung des Verhaltens reflektiert wird, und zum anderen
- das Verhalten unter willentlicher Kontrolle steht (exemplarisch Ajzen 1991; Frey et al. 1993).

Infolgedessen schränken Gewohnheiten und impulsive Verhaltensreaktionen die Vorhersagefähigkeit der TRA ein (Kroeber-Riel und Gröppel-Klein 2013). Neben diesen Verhaltensmustern ist die Zeit ein entscheidender Faktor, der die Vorhersehbarkeit von Verhalten auf Grundlage der Intension erschwert (Kroeber-Riel und Gröppel-Klein 2013). So haben unvorhersehbare bzw. nicht kontrollierbare Ereignisse Auswirkungen auf die Verhaltensabsichten und auf tatsächliche Verhaltensmuster (Frey et al. 1993). Empirische Untersuchungen sind daher zumindest dann mit Bedacht zu interpretieren, wenn zwischen der Messung der Einstellung bzw. Verhaltensabsicht und dem tatschlichen Verhalten ein Zeitraum liegt, der Irritationen (Rauschen) einschließt.

Theory of Planned Behavior Sowohl bei der TRA, als auch bei der der TPB, bildet die Absicht zur Durchführung eines bestimmten Verhaltens, den modelltheoretischen Kern. Grundsätzlich gilt für beide Theorien: Je stärker das beabsichtigte Verhalten, desto höher die Wahrscheinlichkeit, dass das Verhalten tatsächlich ausgeführt wird (Wiswede 2012). Die TRA unterstellt allerdings, dass Individuen bestimmte Verhaltensmuster schon dann ausführen können, wenn sie eine entsprechende Neigung entwickeln (Ajzen 1991). Es lassen sich allerdings leicht Beispiele finden, die zeigen, dass Individuen unter bestimmten Umständen nicht befähigt sind, ein Verhalten im Sinne eines Willensaktes auszuführen, obwohl eine entsprechende Verhaltensabsicht vorliegt: Ein Raucher mag zwar beabsichtigen mit dem Rauchen aufzuhören, dennoch ist es möglich, dass er nicht in der Lage ist, dieses Verhalten tatsächlich zu realisieren (Ajzen 1991). Beabsichtigtes Verhalten ist daher letztendlich zu verstehen als Verhaltensziel (behavior-goal), dessen Verwirklichung sowohl von internen, als auch von externen Faktoren abhängt (Ajzen 1985):

- Individual Differences: Individuen vermuten unter bestimmten Umständen, dass sie nicht befähigt sind, mit ihrem Verhalten Einfluss auf die gewünschten Ergebnisse zu nehmen. Ein vertiefender Diskurs dieses Aspekts findet sich im Rahmen der Auseinandersetzung mit der Theorie der erlernten Hilflosigkeit (Punkt 4.2).
- Information, Skills and Abilities: Ein Individuum das versucht, ein bestimmtes Verhalten auszuführen, kann feststellen, dass hierfür benötigte Information, Fähigkeiten oder Begabungen fehlen. So ist es für eine Person auch dann unmöglich ein Auto zu reparieren, wenn sie dieses Verhalten ausführen möchte, aber nicht über die notwendigen Kompetenzen verfügt.
- Power of Will: Die Realisierung einer konkreten Verhaltensweise bedingt unter Umständen Willens- und Charakterstärke. So mögen Studierende zwar beabsichtigen, für eine Prüfung zu lernen. Dennoch führen einige Individuen dieses Verhalten nicht aus und bevorzugen eine Party oder ähnliche Ereignisse.
- Emotions and Compulsions: Einige Individuen führen Verhaltensweisen aufgrund von Zwängen aus und zwar auch dann, wenn keine entsprechende Absicht vorliegt. Ähnliche Verhaltensmuster sind festzustellen, wenn das Individuum Stress oder starken Emotionen ausgesetzt ist. Personen die von Emotionen überwältigt werden, verhalten sich oftmals in einer Art und Weise, die sie nicht beabsichtigen.

- Time and Opportunity: Die Möglichkeit zur Ausführung eines bestimmten Verhaltens ist oftmals von bestimmten Sachverhalten abhängig. So ist bspw. der Besuch eines Events nur dann möglich, wenn es nicht ausverkauft ist und das Individuum während der Anreise in keinen schwerwiegenden Unfall verwickelt wird.
- Dependence on Others: Immer dann, wenn das Ausführen eines bestimmen Verhaltens von anderen Individuen abhängig ist, kann nicht ausgeschlossen werden, dass das Verhalten nicht ausgeführt wird. Dies ist beispielsweise der Fall, wenn ein bestimmtes Verhalten nur gemeinsam durchgeführt werden kann und der Partner nicht bereit ist, das Verhalten auszuführen.

Bereits eine rudimentäre Inspektion der oben aufgeführten Punkte zeigt, dass zahlreiche Aspekte die Verhaltensabsicht und/oder die Ausführung einer Verhaltensweise deswegen blockieren können (Ajzen 1985), da bei fehlender Kontrollüberzeugung (wahrgenommene Verhaltenskontrolle) beabsichtigte Verhaltensweisen unterbleiben (Wiswede 2012). Mit anderen Worten, Individuen können unter bestimmten Umständen die Ausführung eines bestimmten Verhaltens nicht kontrollieren, oder aber, sie sind der Meinung, dass sie hierzu nicht in der Lage sind (Ajzen 1991). Die TPB postuliert daher, dass die wahrgenommene Verhaltenskontrolle sowohl die Verhaltensabsicht, als auch das tatsächliche Verhalten direkt beeinflussen kann; außerdem ist eine Dependenz der Determinanten Einstellung, Subjektive Norm und wahrgenommene Verhaltenskontrolle zu vermuten (Ajzen und Madden 1986). Eine grafische Aufbereitung der TPB findet sich in Abb. 3.3.

Es sei bereits an dieser Stelle darauf hingewiesen, dass die wahrgenommene Verhaltenskontrolle im Sinne der TPB zwar imperfekte, aber dennoch beachtliche Überschneidungen mit den noch zu diskutierenden Theorien der psychologischen Reaktanz und der erlernten Hilflosigkeit aufweist (Arnold 2015) und einen, als bedeutend einzustufenden, Erklärungsbeitrag zur Blockierung der Akzeptanz von Produktinnovationen liefern kann.

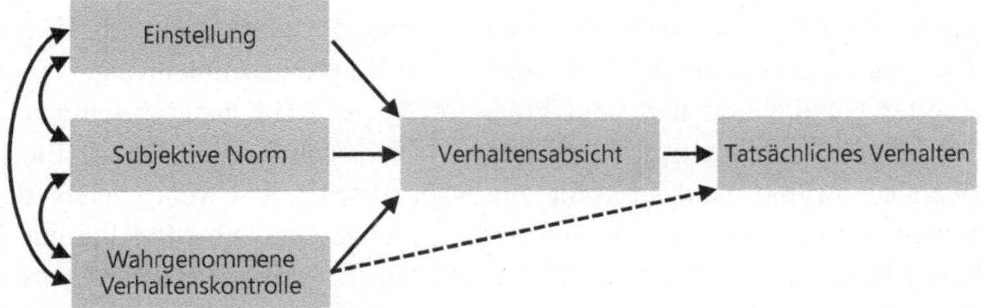

Abb. 3.3 TPB. (Quelle: Ajzen (1991, S. 182))

3.4 Technology Acceptance Model

Das mehrmals überarbeitete und regelmäßig referenzierte Technology Acceptance Model (TAM) ist ein kausalanalytisches Modell, das die Auswirkungen bestimmter Funktionalitäten (Design Features) computerbasierter Informationssysteme in organisationalen Kontexten auf die Nutzerakzeptanz mithilfe intervenierender Variablen erklärt. In der ursprünglichen Variante geht Davis (1985) davon aus, dass konkrete Funktionalitäten sowohl

- die perzipierte Nützlichkeit (Perceived Usefulness), als auch
- die perzipierte Nutzerfreundlichkeit (Perceived Ease of Use) determinieren.

Die Phänomene sind folgendermaßen definiert: „Perceived usefulness is defined as ‚the degree to which an individual believes that using a particular system would enhance his or her job performance.‘ Perceived ease of use is defined as ‚the degree to which an individual believes that using a particular system would be free of physical or mental effort‘“ (Davis 1985, S. 26). Des Weiteren wird angenommen, dass die perzipierte Nutzerfreundlichkeit einen Kausaleffekt auf die perzipierte Nützlichkeit ausübt, die beide Prädiktoren eines weiteren variantenspezifischen Konstrukts sind. Die Verbindung zu diffusionstheoretischen Überlegungen wird variantenübergreifend deutlich, da die perzipierte Nützlichkeit als Äquivalent der relativen Vorteilhaftigkeit und die perzipierte Nutzerfreundlichkeit als das Gegenteil der Komplexität betrachtet werden kann (Moore und Banbasat 1991). Während die tatsächliche Systemnutzung (Actual System Use) im ursprünglichen TAM als direkte Funktion der Einstellung zur Systemnutzung (Attitude Toward Using) modelliert wird, ergänzen Davis, Bagozzi und Warshaw (1989) in der regelmäßig referenzierten Variante aus dem Jahr 1989 die intervenierende Variable Nutzungsabsicht (Behavioral Intension to Use). Im ursprünglichen TAM werden somit die Variablen Verhaltensabsicht und subjektive Norm nicht aus der Theorie des überlegten Handelns übernommen (Davis 1985), die modifizierte Variante verzichtet hingegen lediglich auf das letztgenannte Konstrukt, postuliert aber mehr oder weniger analog zum ursprünglichen Modell einen Kausalzusammenhang zwischen perzipierter Nützlichkeit und dem Prädiktor der tatsächlichen Systemnutzung. Die Nichtberücksichtigung der subjektiven Norm rechtfertigen Davis, Bagozzi und Warshaw (1989) damit, dass sie ein unspezifisches und wenig verstandenes Phänomen darstellt und mit Messproblemen einhergeht. Die Modellierung des direkten Effekts der perzipierten Nützlichkeit auf die Verhaltensabsicht wird mit den Besonderheiten des Anwendungsbereichs begründet: „[Within] organizational settings, people form Intensions toward behaviors they believe will increase their

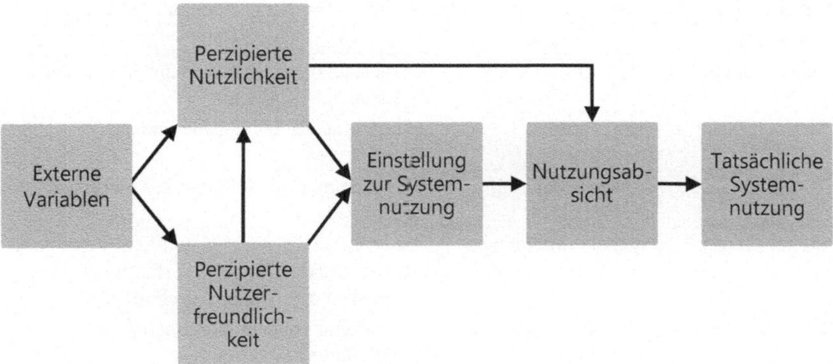

Abb. 3.4 Erste Modifikation des TAM. (Quelle: Davis et al. (1989, S. 985))

job performance, over and above whatever positive or negative feelings may be evoked toward the behavior per se" (Davis et al. 1989, S. 986). Eine grafische Darstellung der modifizierten Variante des TAM findet sich in Abb. 3.4.

Die von den Protagonisten durchgeführten Untersuchungen haben aufgezeigt, dass einige ex ante nicht erwartete Zusammenhänge zwischen den modellierten Variablen existieren (Davis 1993). Eine umfassende Würdigung dieser Studien kann im Rahmen dieser Ausarbeitung zwar nicht erfolgen, beachtenswert erscheint aber, dass entgegen der Annahmen der TRA sowohl die perzipierte Nützlichkeit, als auch die perzipierte Nutzerfreundlichkeit einen direkten Effekt auf die Nutzungsabsicht ausüben, wohingegen der hypothetisierte Zusammenhang zwischen dem Einstellungskonstrukt und der Nutzungsabsicht als nicht signifikant zurückgewiesen werden musste (Davis et al. 1989). Die laut Venkatesh und Davis (1996) finale Variante des TAM beinhaltet daher nicht mehr die intervenierende Variable Einstellung zur Systemnutzung, vielmehr werden die perzipierte Nützlichkeit und die perzipierte Nutzerfreundlichkeit als direkte Prädiktoren der Nutzungsabsicht rekonzeptualisiert.

Beispielhafte Studien Das TAM ist ein robustes Modell zur Vorhersage der Nutzung eines Informationssystems, dessen hohe Bedeutung für Forschung und Praxis durch zahlreiche empirische Studien belegt wird (King und He 2006). Wenngleich das TAM ursprünglich im organisationalen Kontext Verwendung fand, wird das Modell regelmäßig sowohl im angelsächsischen, als auch im deutschsprachigen Raum in alternativen Szenarien eingesetzt und erweitert. Kim und Shin (2015) beleuchten beispielsweise mit Hilfe eines angepassten Modells diejenigen Ursachen, die der Akzeptanz von Smart Watches vorausgehen. Haugstvedt und Krogstie (2012) integrieren zur Analyse der Nutzungsintension einer Augmented-

Tab. 3.2 Typische Anwendungen des TAM. (Quelle: Moore und Banbasat 1991, 216 f.)

Autor(en)	Technologie	Spezifika
Grefen und Straub (1997)	E-Mail	Berücksichtigung des Geschlechts bei der Analyse der Akzeptanz
Simon (2001)	E-Learning	E-Learning als Wissensmedium an Hochschulen
Wang et al. (2003)	Internetbanking	Erweiterung des TAMs um das Konstrukt „perceived credibility“
Stüber (2008)	Kaufempfehlungen im Internethandel	Anwendung des TAM II und Erweiterung um die Konstrukte „Image“, „Erfahrung“, „Einkaufsrelevanz“, Nutzungsverhalten“
Huber et al. (2011)	Bewertungs-portale	Erarbeitung von Implikationen für das Empfehlungsmarketing
Escobar-Rodriguez et al. (2012)	automatisierte Medikations-systeme	Anwendung des TAM im medizinischen Kontext

Reality-Anwendung das Konstrukt „wahrgenommenes Vergnügen“ in das TAM. In Tab. 3.2 finden sich einige weitere ausgewählte Untersuchungen, die zumindest einen rudimentären Einblick in die facettenreichen Anwendungsszenarien des TAM geben.

Widerstände

4

Die Akzeptanz von Produktinnovationen wird unter bestimmten Umständen von Widerständen blockiert, die allerdings nicht zwingend auftreten müssen oder sich im Laufe der Zeit abschwächen können. Beachtlich sind hierbei vor allem Reaktanzeffekte. Bei Vorliegen erlernter Hilflosigkeit entfalten diese Effekte zwar keine oder wenig Wirkung, bestimmte Verhaltensweisen unterbleiben aber dennoch.

4.1 Psychologische Reaktanz

Die im Folgenden als Reaktanztheorie bezeichnete Theorie der psychologischen Reaktanz wurde von Brehm (1966) entwickelt, der bereits im Rahmen des Yale Communication and Attitude Change Program den Zusammenhang zwischen beeinflussender Kommunikation und Widerstand analysierte (Miron und Brehm 2006). Die Reaktanztheorie basiert auf dem Axiom, dass Menschen Wahlfreiheit und Autonomie wertschätzen (ergänzend Quick et al. 2013), weswegen die Einengung eines Handlungs- und Entscheidungsspielraums eine motivationale Erregung auslöst, die darauf zielt, diese Einengung zu beseitigen: „[If] a person's behavioral freedom is reduced or threatened with reduction, he will become motivationally aroused. This arousal would presumably be directed against any further loss of freedom and it would also be directed toward the re-establishment of whatever freedom had already been lost or threatened. Since this hypothetical motivational state is in response to the reduction (or threatened reduction) of one's potential for acting and conceptually may be considered a counterforce, it will be called ‚psychological reactance'" (Brehm 1966, S. 2). Reaktanz ist somit charakterisierbar als ein mediierender motivationaler Zustand, der aufgrund einer wahrgenommenen oder tatsächlichen Freiheitseinengung entsteht und durch die Wiederherstellung

C. Arnold, C. Klee, *Akzeptanz von Produktinnovationen,* essentials,
DOI 10.1007/978-3-658-11537-1_4

der Freiheit abgebaut wird. Grundsätzlich postuliert die Theorie folgende Kausalzusammenhänge (exemplarisch Quick und Bates 2010):

- Je stärker die Freiheitseinengung, desto intensiver ist die Reaktanz.
- Je intensiver die Reaktanz, desto stärker ist das Bemühen um Freiheitsrestauration.

Psychologische Reaktanz ist als situativ auftretendes Phänomen konzeptualisiert. Die Annahme scheint allerdings naheliegend, dass Individuen aufgrund bestimmter Persönlichkeitseigenschaften in einer gegebenen Situation unterschiedlich stark Reaktanz aufbauen und daher individuelle Determinanten der Reaktanzstärke existieren (Wendlandt 2009). Dieses regelmäßig im Zusammenhang mit dem Begriff „Traitreaktanz" diskutierte und nicht explizit in der ursprünglichen Theorieformulierung enthaltene Phänomen kann grundsätzlich als Prädiktor oder Moderator der Freiheitseinengung bzw. der Reaktanz modelliert und „als die zeitlich stabile und situationsübergreifende Disposition eines Individuums, auf wahrgenommene Freiheitseinschränkungen mit Reaktanz zu reagieren" (Wendlandt 2009, S 139), definiert werden. Der Diskurs zur Traitreaktanz ist allerdings als hochkontrovers einzustufen und daher an dieser Stelle nicht zu vertiefen (der interessierte Leser sei hierfür auf Arnold 2015 verwiesen).

Freiheitseinengung Eine reaktanzauslösende Freiheitseinengung liegt nur dann vor, wenn das betroffene Individuum annimmt, über Wahlfreiheit innerhalb eines gegebenen Entscheidungsrahmens zu verfügen (Clee und Wicklund 1980). Freiheit im Sinne der Reaktanztheorie ist daher zu verstehen als situationsspezifische Wahlfreiheit und damit als Verhaltensspielraum, über den ein Individuum denkt, glaubt oder fühlt, disponieren zu können (Brehm und Brehm 1981). Solche Verhaltensspielräume umfassen nur Optionen, die für den Betreffenden realistisch sind, was dann der Fall ist, wenn es

1. entweder aus Erfahrung, auf Basis allgemeiner Sitten oder Verhaltensnormen annehmen kann, diese Verhaltensoption ausüben zu können, und es
2. über die hierfür notwendigen physischen und psychologischen Fähigkeiten verfügt (Brehm 1966).

Die Einengung von Wahlfreiheiten kann grundsätzlich durch Elimination von Optionen, durch umweltbedingte Gegebenheiten und Entwicklungen, durch das Verhalten des Individuums selbst oder durch Aufzwingen von Meinungen erfolgen, wobei sich der letztgenannte Einengungsmechanismus dann entfaltet, wenn er entweder einseitig und unfair ist, systematisch Fehlinformationen und falsche

Schlussfolgerungen beinhaltet, ein nicht akzeptables Maß an Beeinflussung aufweist oder der Freiheitsbedroher offensichtlich egoistisch handelt (Raab et al. 2010). Freiheitseinengungen können somit auf unterschiedliche Arten erfolgen, wobei die perzipierte Intensität der Einengung laut Brehm (1966) von drei Determinanten abhängt:

- Wichtigkeit der Freiheit: Wenn eine konkrete Freiheit bedroht oder tatsächlich verloren ist, dann gilt: Je wichtiger die Wahlfreiheit für das Individuum, desto intensiver ist die Reaktanz.
- Relativer Anteil der bedrohten oder tatsächlich verlorenen Freiheiten: Je mehr Optionen einer gegebenen Wahlfreiheit bedroht bzw. eliminiert werden, desto stärker ist die Reaktanz.
- Stärke der Freiheitsbedrohung: Je stärker die wahrgenommene Freiheitseinengung, desto intensiver ist die Reaktanz. Das Ausmaß dieser Determinante drückt sich in der vom Individuum subjektiv empfundenen Wahrscheinlichkeit aus, mit der der Bedrohende die Freiheit tatsächlich eliminieren kann und will.

Reaktanz Reaktanz ist ein unangenehm empfundener motivationaler Zustand, der als Mediator zwischen Einengung und Restauration der Freiheit fungiert. Sie stellt das fokale Phänomen und die Schlüsselvariable der Reaktanztheorie dar, auf die allerdings laut Brehm und Brehm (1981, S. 37) nur indirekt geschlossen werden kann: „[Reactance] has the status of an intervening, hypothetical variable. It is the motivational state that is hypothesized to occur when a freedom is eliminated or threatened with elimination. We cannot measure reactance directly, but hypothesizing its existence allows us to predict a variety of behavioral effects". Prototypisch für diese Vorstellung ist ein Laborexperiment von Brehm et al. 1966, in dessen Rahmen studentische Probanden unter Anwendung einer Coverstory die Attraktivität von vier Tonträgern (Schallplatten) zu zwei unterschiedlichen Zeitpunkten beurteilen sollten, wobei der am attraktivsten eingeschätzte Tonträger als Entschädigung für die Teilnahme ausgelobt wurde. Im Rahmen der zweiten Beurteilungsrunde erhielten die Probanden der Experimentalgruppe allerdings die Information, dass der probandenspezifisch drittattraktivste Tonträger aufgrund logistischer Probleme nicht als Entschädigung zur Verfügung stehe. Es zeigte sich, dass die Experimentalgruppe den nicht verfügbaren Tonträger statistisch signifikant attraktiver beurteilte als die Kontrollgruppe, was von dem Forschenden mit dem Auftreten von Reaktanz erklärt wurde.

Kritisch erscheint bei dieser und vergleichbaren Studien, dass das zu prüfende Phänomen faktisch eine Black-Box darstellt; wenn die Ergebnisse empirischer Studien mit den theoretischen Vorhersagen übereinstimmen, wird gefolgert, dass

Tab. 4.1 Reflektive Reaktanzmessung am Beispiel einer Kundenkarte. (Quelle: Wendlandt und Schrader (2007, S. 302))

Reactance (Reaktanz)	
(1)	I reject the intrusion upon my freedom to decide as intended by the card
(2)	My independence is more valuable to me than the benefit of the card
(3)	I do not share in this kind of „loyalty mania“
(4)	The card restricts my flexibility too much
(5)	I would regret a stronger retention caused by the card
(6)	I do not want to be bound by this card
(7)	I perceive the card as having an unpleasant influence

die Prozesse der Black-Box den im Vorhinein vermuteten Mustern entsprechen (Quick et al. 2013). Einen anderen Ansatz wählen Dillard und Shen (2005), die ein ansprechendes Messinstrument entwickeln, das sowohl aus qualitativen, als auch aus quantitativen Elementen besteht. Die konkrete Umsetzung erweist sich allerdings als herausfordernd. Ein alternatives Messmodell findet sich hingegen bei Wendlandt und Schrader (2007), die Reaktanz im Zusammenhang mit innovativen Kundenbindungsinstrumenten analysieren (siehe hierzu Tab. 4.1).

Freiheitsrestauration Reaktanz zielt auf die Wiederherstellung einer bedrohten oder verlorenen Freiheit und hat damit Auswirkungen auf das Verhalten des betroffenen Individuums (Grabitz-Gniech und Grabitz 1973). Bereits in seiner Initialpublikation stellt Brehm (1966) allerdings fest, dass die Reduktion der Wichtigkeit der bedrohten oder verlorenen Freiheit keinen Mechanismus des Reaktanzabbaus darstellt, ebenso wenig zielt die Freiheitswiederherstellung auf die Gewinnung neuer Freiheiten (ergänzend Dowd et al. 2001). Tatsächlich kann laut Brehm und Brehm (1981) die Freiheitsrestauration durch

- Direkte Effekte (Direct Restoration of Freedom),
- Indirekte bzw. implizite Effekte (Indirect Restoration),
- Subjektive Effekte (Subjective Responses),
- Leugnen der Freiheitseinengung (Denial of Threat) und
- Erhalt anderer Freiheitsspielräume (Preservation of other Freedoms)

erfolgen, wobei die beiden letztgenannten Optionen in anderen Literaturquellen häufig den indirekten Effekten zugerechnet werden (Miron und Brehm 2006).

Verhaltenseffekte sind beobachtbare Muster des Reaktanzabbaus, die entweder unmittelbar auf die Wiederherstellung der Freiheit zielen oder das Ausführen von Aktivitäten umfassen, die zumindest indirekt in Verbindung mit der Freiheitseinengung stehen. Die offensichtlichsten Methoden zur Restauration von Freiheit sind direkte Verhaltenseffekte, die das Ausführen der bedrohten Freiheit, den aktiven Widerstand gegen die Einengung, das Verlassen des freiheitseinengenden Arrangements und aggressives Verhalten umfassen (Grabitz-Gniech und Grabitz 1973). Die indirekte Freiheitswiederherstellung kann hingegen erfolgen, indem das betroffene Individuum andere Individuen aktiviert, die eingeengte Freiheit auszuführen, indem es die eingeengte Freiheit in perzipiert vergleichbaren Situationen praktiziert oder indem es ein Verhalten ausführt, das der Bedrohung möglichst ähnlich ist (Raab et al. 2010).

Subjektive Effekte sind Einstellungsänderungen und/oder bestimmte Verhaltensabsichten und somit grundsätzlich nicht öffentlich observierbar. Sie sind nicht als Ersatz direkter oder indirekter Verhaltensweisen zu verstehen, vielmehr stellt sie die Antezedenz bzw. die kognitive Dimension der Freiheitsrestauration dar: „Regardless of behavioral consequences that result from reactance arousal, the arousal of psychological reactance always should be accompanied by a host of subjective reactions“ (Brehm und Brehm 1981, S. 107). In der ökonomisch geprägten Forschung finden vornehmlich subjektive Effekte Beachtung, die in den folgenden Varianten auftreten können (Fitzsimons und Lehmann 2004):

- Anstieg der Attraktivität der bedrohten oder eliminierten Freiheit: Dieser auch als Boomerang bezeichnete Effekt tritt regelmäßig dann auf, wenn sozialer Einfluss ausgeübt wird, um bestimmte Verhaltensweisen als unerwünscht oder als erwünscht zu deklarieren (Brehm 1989). Er äußert sich typischerweise in einer Aufwertung der Attraktivität der unerwünschten Verhaltensweise und wurde bspw. im Rahmen öffentlicher Kampagnen gegen Alkohol- oder Zigarettenkonsum beobachtet (Ringold 2002). Es finden sich leicht weitere praxisorientierte Ausarbeitungen, die aufzeigen, dass dieser Effekt im Rahmen des kommunikations- und preispolitischen Instrumentariums gezielt einsetzbar ist, indem die tatsächlich erwünschte Verhaltensweise eingeengt wird.
- Abwertung des Freiheitseinengers: Die subjektive Bewertung der freiheitseinengenden Entität mündet in einer negativen Einstellung gegenüber derselben. Sie kann feindschaftliche Gefühle auslösen und sich in Form von Verhaltensabsichten manifestieren, die nicht unmittelbar auf die betroffene Freiheitseinengung zielen, wohl aber den Freiheitseinenger adressieren.

- Zunehmende Zuversicht in die Fähigkeit zur Selbstbestimmung: Brehm (1966) betont bereits in der Initialpublikation, dass Reaktanz die Vorstellung des betroffenen Individuums positiv beeinflusst, selbstbestimmt entscheiden zu können. Diese kontraintuitive Behauptung ist insofern erklärbar, da Reaktanz als Erregungszustand charakterisiert werden kann und daher das kognitive Element der Zielausrichtung umschließt, weswegen sich Individuen in freiheitseinengenden Situationen noch klarer darüber werden, was tatsächlich in ihrem Sinn ist (Brehm und Brehm 1981).

Beispielhafte Studien Es finden sich zwar relativ wenige, aber dennoch beachtliche empirische Untersuchungen zu dem Reaktanzphänomen im Zusammenhang mit Produktinnovationen. Losch und Schulz (2010) entwickeln eine Studie zu mobilen elektronischen Services, in deren Rahmen Reaktanz als Prädiktor der Akzeptanz modelliert wird. Lee und Lee (2009) untersuchen Reaktanzeffekte im Zusammenhang mit Online-Empfehlungssystemen mithilfe eines varianzstrukturanalytisch ausgewerteten Strukturgleichungsmodells. Arnold 2015 analysiert partiell autonom agierende Informationstechnologien für Konsumenten und kommt zu dem Ergebnis, dass diese dann Reaktanz auslösen, wenn sie ökonomisch relevant perzipierte Wahlfreiheiten einschränken.

4.2 Erlernte Hilflosigkeit

Die zentralen Konsequenzen der Theorie Erlernter Hilflosigkeit von Seligman wurden in der zweiten Hälfte des letzten Jahrhunderts zufällig im Rahmen eines klassischen zweistufigen Konditionierungsexperiments mit Hunden entdeckt, das ursprünglich zur Prüfung des Kausalzusammenhangs zwischen Angstkonditionierung und instrumentellem Lernen konzipiert war (Seligman 1999). In die erste Phase wurden lediglich die Tiere der Experimentalgruppe einbezogen und wiederholt elektrischen Stromstößen behandelt. Jedes Tier der Experimental- und der Kontrollgruppe wurde in der folgenden zweiten Phase mehrfach in einen Versuchskäfig gesetzt, der aus zwei, durch eine überwindbare Barriere getrennten Bereichen bestand. Der Boden der Käfighälfte, in der sich die Hunde befanden, wurde mit Strom aufgeladen, wobei die Hunde den Stromschlägen durch Überspringen der Barriere entgehen konnten. Es zeigte sich, dass die Tiere der Kontrollgruppe nach jedem Durchgang lernten, die Barriere schneller zu überwinden, wohingegen die Hunde der Experimentalgruppe jedweden Versuch unterließen, den Stromschlägen zu entkommen (Overmier und Seligman 1967). Dieses Verhalten ist laut Seligman

(1999) das prototypische Ergebnis eines Lernprozesses, der in dem Phänomen der Erlernten Hilflosigkeit mündet, das in mehreren Tierexperimentalreihen überprüft, anschließend in die Domäne des Menschen übertragen, dort mehrfach getestet und ebenfalls bestätigt wurde (Cohen et al. 1976; Abramson et al. 1978). Im Rahmen der Theorie Erlernter Hilflosigkeit gelten Individuen dann als hilflos, wenn sie der Meinung sind, dass relevante Umweltereignisse unabhängig von ihren Verhaltensweisen eintreten (Weiner 1994), da „der Antrieb zu willentlichen Reaktionen um irgendeine Konsequenz zu kontrollieren [...] aus der Erfahrung [erwächst], daß die eigenen Reaktionen diese Konsequenz bewirken. Wenn ein Mensch oder ein Tier gelernt hat, daß die Konsequenz unabhängig vom eigenen Verhalten ist, wird die Erwartung, daß das eigene Verhalten die Konsequenz hervorruft, schwächer; und deshalb wird auch die Reaktionsbereitschaft geringer" (Seligman 1999, S. 45 f.). Erlernte Hilflosigkeit ist somit als ein pessimistischer Zustand zu charakterisieren, der dann entsteht, wenn das betroffene Individuum mehrfach negativen unkontrollierbaren Ereignissen ausgesetzt war und zu dem Schluss gelangt, dass diese Ereignisse durch Faktoren verursacht werden, die

- sich im Laufe der Zeit nicht ändern,
- im Individuum selbst verankert sind und
- in einer Vielzahl von Situationen wirksam sind (Aronson et al. 2008).

Individuen die mehrfach nicht in der Lage sind, unangenehme Ereignisse zu kontrollieren, tendieren daher dazu, das Auftreten der Ereignisse stabil, internal und global zu attribuieren, weswegen sie Handlungen und Konsequenzen als unabhängig voneinander betrachten und ihre Verhaltensmuster dergestalt anpassen, dass sie korrespondierende negative Ereignisse widerstandslos hinnehmen. Als Konsequenz der Erlernten Hilflosigkeit unterbleiben Verhaltensweisen, die auf die Verbesserung der negativen Ereignisse zielen: „Damit willentliche Verhaltensweisen auftreten können, muß ein Anreiz in Gestalt der Erwartung vorliegen, daß Reagieren zum Erfolg führt. Ohne eine solche Erwartung, d. h. dann, wenn ein Organismus überzeugt ist, daß reagieren zwecklos ist, wird er keine willentliche Reaktionen ausführen" (Seligman 1999, S. 46). Während Matherly (1985) als weitere Konsequenz die Reduktion der Leistungsfähigkeit zur Bewältigung bestimmter Aufgaben diagnostiziert, arbeitet McKean anhand einer empirischen Studie mit studentischen Probanden heraus, dass Erlernte Hilflosigkeit sowohl Verhaltensdefizite, als auch kognitive und affektive Effekte generieren kann: „High-risk students were found to procastinate more on academic tasks (behavioral domain), perform more poorly in their studies (cognitive domain), and suffer more dysphoria when faced with negative outcomes (affective domain)“ (McKean 1994, S. 182).

Wenn den Begriffspaaren Kontrollerwartung und Freiheit bzw. unkontrollierbares Ergebnis und Freiheitselimination jeweils identische Bedeutungen zugewiesen werden (Wortman und Brehm 1975), kann die Reaktanztheorie als eine Theorie des eingetretenen oder des drohenden Kontrollverlusts rekonzeptualisiert werden (Brehm und Brehm 1981). Interpretiert man die Reaktanztheorie in diesem Sinne, dann sind Individuen grundsätzlich bestrebt Situationen zu kontrollieren, weswegen Kontrollverlust zu Reaktanz führt, die anschließend durch Verhaltensweisen zur Rückgewinnung der Kontrolle, abgebaut wird (Brehm und Brehm 1981). Es ist leicht erkennbar, dass aus der Theorie Erlernter Hilflosigkeit und der Reaktanztheorie dann divergierende Prognosen abgeleitet werden müssen, wenn Individuen wiederholt unkontrollierbaren Ereignissen ausgesetzt sind (exemplarisch Weiner 1994). Während erstgenanntes Konzept postuliert, dass Kontrollverlust in einer Reduktion oder Elimination der Motivation zur Beseitigung derselben mündet, führt die konsequente Anwendung der Reaktanztheorie zur Annahme, dass der Kontrollverlust eine Motivation auslöst, die sich in Versuchen der Kontrollrestauration und mutmaßlich in aggressivem Verhalten gegenüber der freiheitseinengenden Entität entlädt (Salon 1982). Zur Überwindung dieses Widerspruchs entwickeln Wortman und Brehm (1975) ein modifiziertes Modell der Reaktanztheorie, wonach Reaktanz solange eintritt, bis das Individuum zu der Überzeugung gelangt, die Freiheitseinengung nicht kontrollieren zu können. Zur Konkretisierung dieser Modifizierung bietet sich das (ebenfalls von Brehm entwickelte) Energization Model an, das auf der allgemeinsten Ebene besagt, dass die Stärke eines motivationalen Erregungszustands eine positive Funktion der potenziellen Motivation ist (Brehm und Brehm 1981), die im konkreten Betrachtungszusammenhang von der Wichtigkeit des Ziels und der perzipierten Schwierigkeit des Abbaus des Spannungszustands determiniert wird, weswegen die Intensität der Reaktanz sowohl von der Freiheitseinengung, als auch von der erwarteten Schwierigkeit der Freiheitswiederherstellung abhängt (Miron und Brehm 2006). Wenn ein Individuum die Schwierigkeit der Freiheitsrestauration nicht abschätzen kann, wird das Maß der aufgebauten Energie dem wahrgenommenen Wert der betroffenen Freiheit entsprechen (Miron und Brehm 2006). Erwartet das Individuum hingegen, dass die Freiheitswiederherstellung leicht möglich ist, wird es wenig Energie aufwenden. Mit steigender Schwierigkeit intensiviert sich die Motivation zur Freiheitsrestauration, allerdings nur bis zu einem bestimmten Punkt, an dem der Effekt der Hilflosigkeit den Reaktanzeffekt dominiert. Ab diesem Niveau nimmt die Reaktanzstärke ab und verschwindet dann vollständig, wenn das Individuum die Freiheitswiederherstellung als faktisch unmöglich erachtet (Jardine und Winefield 1981). Die Stärke

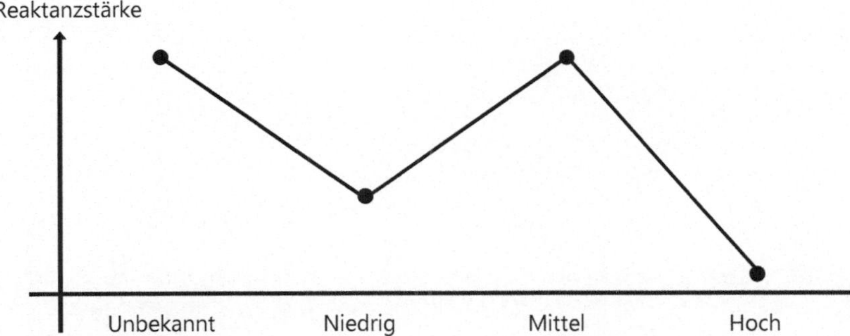

Abb. 4.1 Perzipierte Schwierigkeit der Freiheitsrestauration und Reaktanz. Quelle: Miron und Brehm (2006, S. 12)

der Kontrollerwartung des Individuums, respektive die perzipierte Schwierigkeit der Freiheitsrestauration hängen dabei wesentlich von der Anzahl und der Art nicht kontrollierbarer Ereignisse ab (Mikulincer et al. 1989). Eine stark vereinfachende grafische Repräsentation dieser Überlegungen findet sich in Abb. 4.1.

5 Schlussbetrachtung

Produktinnovationen sind insofern ein kritischer Erfolgsfaktor, weil sich Kundenanforderungen und Technologien immer rascher wandeln und das Angebotsprogramm entsprechend häufig angepasst werden muss. Anbieter können neue Produkte allerdings nur dann erfolgreich platzieren, wenn die Nachfrager bereit sind, die Innovation zu verwenden, was dann der Fall ist, wenn sie Kundenprobleme besser lösen können, als bereits verfügbare Produkte. Die Prädiktoren der nachfragerseitigen Produktverwendung sind wiederum Gegenstand der Akzeptanzforschung, die schon deswegen in allen Phasen der Produktentwicklung zu evaluieren sind, da die Fortführung einer nachhaltig negativ bewerteten Produktidee letztendlich eine unnötige Fehlallokation von Ressourcen darstellt. Gleiches gilt für die Identifikation von Widerständen, deren rechtzeitige Offenlegung allerdings ermöglicht, die Produktentwicklung und Vermarktung in geeigneter Weise anzupassen.

Abschließend sei darauf hingewiesen, dass Innovationen nur Wertversprechen liefern können. Ob und inwieweit sie in der Lage sind, diese Versprechen zu halten, ist für den Kunden dann besonders schwierig zu beurteilen, wenn die Diffusion des Produkts noch nicht weit fortgeschritten ist. Anbieter sollten daher verstärkt auf das – nach wie vor – deutlich zu wenig beachtete Konzept der Open Innovation zurückgreifen, das aus akzeptanztheoretischer Sicht dann zu begrüßen ist, wenn es auf die anbieterseitige Nutzbarmachung kreativer Kundenkompetenzen und damit auf die Integration des Nachfragers in die Entwicklungs- und Vermarktungsprozesse zielt. Zweifelsohne hilft so verstandene Open Innovation, Akzeptanzprobleme und Widerstände rechtzeitig zu erkennen und gemeinsam zu behandeln.

C. Arnold, C. Klee, *Akzeptanz von Produktinnovationen,* essentials,
DOI 10.1007/978-3-658-11537-1_5

Literatur

Abramson, L. Y./Seligman, M. E./Teasdale, J. D. (1978): Learned Helplessnes in Humans: Critique and Reformulation, in: Journal of Abnormal Psychology, 87. Jg., H. 1, S. 49–74.

Ajzen, I. (1985): From Intensions to Actions: A Theory of Planned Behavior, in: Kuhl, K./ Beckmann, B. (Hrsg.): Action Control: From Cognition to Behavior, Berlin, Heidelberg: Springer, S. 11–39.

Ajzen, I. (1991): The Theory of Planned Behavior: Organizational Behavior and Human Decision Process, 50, S. 179–211.

Arnold, C. (2015): Ubiquitärer E-Service für Konsumenten: Die Perspektive der Theorie Psychologischer Reaktanz, Wiesbaden: Springer Gabler.

Aronson, E./Wilson, T. D./Akert, R. M. (2008): Sozialpsychologie, 6. Auflage, München: Pearson.

Ashwin, W. J./Sharma, S. (2004): Customer Knowledge Development: Antecedents and Impact on New Product Performance, in: Journal of Marketing, 68. Jg., H. 4, S. 47–59.

Binsack, M. (2003): Akzeptanz neuer Produkte: Vorwissen als Determinante des Innovationserfolgs, Wiesbaden: Springer.

Brehm, J. W. (1966): A Theory of Psychological Reactance, New York, San Francisco, London: Academic Press.

Brehm, J. W. (1989): Psychological Reactance: Theory and Applications, in: Advances in Consumer Research, 16. Jg., H. 1, S. 72–75.

Brehm, S. S./Brehm, J. W. (1981): Psychological Reactance: A Theory of Freedom and Control, New York: Academic Press.

Clee, M. A./Wicklund, R. A. (1980): Consumer Behavior and Psychological Reactance, in: Journal of Consumer Research, 6. Jg., H. 4, S. 389–405.

Cohen, S./Rothbart, M./Phillips, S. (1976): Locus of Control and the Generality of Learned Helplessness in Humans, in: Journal of Personality and Social Psychology, 34. Jg., H. 6, S. 1049–1059.

Cooper, R. G. (2010): Top oder Flop in der Produktentwicklung – Erfolgsstrategien von der Idee zum Launch, Weinheim: Wiley.

Danneels, E./Kleinschmidt, E. J. (2001): Product innovativeness from the firm´s perspective: Its dimensions and their relation with project selection and performance, in: The Journal of Product Innovation Management, 18. Jg., H. 6, S. 357–373.

C. Arnold, C. Klee, *Akzeptanz von Produktinnovationen,* essentials,
DOI 10.1007/978-3-658-11537-1

Davis, F. D. (1985): A Technology Acceptance Model for Empirically Testing New End-user Information Systems: Theory and Results, dspace.mit.edu/bitstream/handle/1721.1/15192/14927137-MIT.pdf [24.08.2015].

Davis, F. D. (1993): User acceptance of information technology: System characteristics, user perceptions and behavioral impacts, in: International Journal of Man-Machine Studies, 38. Jg., H. 3, S. 475–487.

Davis, F. D./Bagozzi, R. P./Warshaw, P. R. (1989): User Acceptance of Computer Technology: A Comparison of Two Theoretical Models, in: Management Science, 35. Jg., H. 8, S. 982–1002.

Dillard, J. P./Shen, L. (2005): On the Nature of Reactance and its Role in Persuasive Health Communication, in: Communication Monographs, 72. Jg., H. 2, S. 144–168.

Dowd, E. T./Pepper, H. F./Seibel, C. (2001): Developmental Correlates of Psychological Reactance, in: Journal of Cognitive Psychotherapy: An International Quarterly, 15. Jg., H. 3, S. 239–252.

Festinger, L. (1957): A Theory of Cognitive Dissonance, Stanford: Stanford University Press.

Fishbein, M./Ajzen, I. (2010): Predicting and Changing Behavior: The Reasoned Action Approach, New York: Psychology Press.

Fitzsimons, G. J./Lehmann, D. R. (2004): Reactance to Recommendations: When Unsolicited Advice Yields Contrary Responses, in: Marketing Science, 23. Jg., H. 1, S. 82–94.

Freiling, J./Reckenfelderbäumer, M. (2010): Markt und Unternehmung: Eine marktorientierte Einführung in die Betriebswirtschaftslehre, 3. Auflage, Wiesbaden: Gabler.

Frey, D./Stahlberg, D./Gollwitzer, P. M. (1993): Einstellung und Verhalten: Die Theorie des überlegten Handelns und die Theorie des geplanten Verhaltens, in: Frey, D./Irle, M. (Hrsg.), Theorien der Sozialpsychologie, Bern: Huber, S. 361–384.

Gefen, D./Straub, D. W. (1997): Gender Differences in the Perception and Use of E-Mail: An Extension to the Technology Acceptance Model, in: MIS Quarterly, 21. Jg., S. 389–400.

Gniech, G./Dickenberger, D. (1992): Die Reaktanz-Theorie, in: Bremer Beiträge zur Psychologie, H. 104, S. 1–52.

Gollwitzer, M./Schmitt, M. (2006): Sozialpsychologie: Workbook, Weinheim.

Grabitz-Gniech, G./Grabitz, H.-J. (1973): Psychologische Reaktanz: Theoretisches Konzept und experimentelle Untersuchungen, in: Zeitschrift für Sozialpsychologie, 4. Jg., H. 1, S. 19–35.

Hale, J. L./Householder, B. J./Greene, K. L. (2002): The Theory of Reasoned Action, in: Dillard, D./Pfau, P. (Hrsg.): The Persuasion Handbook: Developments in Theory and Practice, Thousand Oaks, London, New Delhi: Sage, S. 259–286.

Haugstvedt, A. C., Krogstie J. (2012): Mobile augmented reality for cultural heritag: A technology acceptance study, in: Mixed and Augmented Reality (ISMAR), 2012 IEEE International Symposium, S. 247–255.

Hauschildt, J./Salomo, S. (2007): Innovationsmanagement, 4. Auflage, München: Vahlen.

Henard, D. H./Szymanski, D. M. (2001): Why some new products are more successful than others, in: Journal of Marketing Research, 38. Jg., H. 3, S. 362–375.

Homburg, C. (2015): Marketingmanagement: Strategie – Instrumente – Umsetzung – Unternehmensführung, 5. Auflage, Wiesbaden: Springer Gabler.

Huber, F./Krönung, S./Meyer, F./Vollmann, S. (2011): Akzeptanz von Bewertungsportalen als Basis von Electronic Word-of-Mouth, Köln: EUL.

Jardine, E./Winefield, A. H. (1981): Achievement Motivation, Psychological Reactance, and Learned Helplessness, in: Motivation and Emotion, 5. Jg., H. 2, S. 99–113.

Karnowski, V. (2011): Diffusionstheorien, Baden-Baden: Nomos.

Kim K. J./Shin D. (2015): An acceptance model for smart watches: Implications for the adoption of future wearable technology, in: Internet Research, 25. Jg., H. 4, S. 527–541.

Kollmann, T. (1998): Akzeptanz innovativer Nutzungsgüter und -systeme: Konsequenzen für die Einführung von Telekommunikations- und Multimediasystemen, Wiesbaden: Gabler.

Kroeber-Riel, W./Gröppel-Klein, A. (2013): Konsumentenverhalten, 10. Auflage, München: Vahlen.

Lee, G./Lee, W. J. (2009): Psychological reactance to online recommendation services, in: Information & Management, 46. Jg., H. 8, S. 448–452.

Li, Y./Sui, M. (2011): Literature Analysis of Innovation Diffusion, in: Technology and Investment, 2. Jg., H. 3, S. 155–162.

Libai, B./Muller, E./Peres, R. (2009): The Diffusion of Services, in: Journal of Marketing Research, 46. Jg., H. 2, S. 163–175.

Losch, N./Schulz, S. (2010): Akzeptanz und Reaktanz von mobilen Diensten: Eine empirische Studie am Beispiel von Deutschland und den USA, in: Marketing ZFP, 32. Jg., H. 4, S. 235–258.

Lucke, D. (1995): Akzeptanz: Legitimität in der „Abstimmungsgesellschaft“, Opladen: Leske + Budrich.

Mahajan, V./Muller, E./Bass, F. M. (1990): New Product Diffusion Models in Marketing: A Review and Directions for Research, in: Journal of Marketing, 54. Jg., H. 1, S. 1–26.

Matherly, T. A. (1985): The Distortion of Self-Perception By Learned Helplessness, in: The Journal of Psychology, 119. Jg., H. 4, S. 297–301.

McKean, K. J. (1994): Using Multiple Risk Factors to Assess the Behavioral, Cognitive, and Affective Effects of Learned Helplessness, in: The Journal of Psychology, 128. Jg., H. 2, S. 177–183.

Mikulincer, M./Kedem, P./Zilkha-Segal, H. (1989): Learned Helplessness, Reactance, and Cue Utilization, in: Journal of Research in Personality, 23. Jg., H. 2, S. 235–247.

Miron, A. M./Brehm, J. W. (2006): Reactance Theory – 40 Years Later, in: Zeitschrift für Sozialpsychologie, 37. Jg., H. 1, S. 9–18.

Montoya-Weiss, M. M./Calantone, R. (1994): Determinants of New Product Performance: A review and Meta-Analysis, in: Journal of Product Innovation Management, 11. Jg., H. 5, S. 397–417.

Moore, G. C./Banbasat, I. (1991): Development of an Instrument to Measure the Perceptions of Adopting an Information Technology Innovation, in: Information Systems Research, 2. Jg., H. 3, S. 192–222.

Müller-Böling, D./Müller, M. (1986): Akzeptanzfaktoren der Bürokommunikation, München: Oldenbourg.

Naseri, M. B./Elliott, G. (2013): The diffusion of online shopping in Australia: Comparing the Bass, Logistic and Gompertz growth models, in: Journal of Marketing Analytics, H. 1, S. 49–60.

Nittbaur, G. (2007): Wie die Natur uns hilft, aus Ideen erfolgreiche Innovationen zu machen, in: Marketing Journal, Jg. 40, H. 1–2.

Overmier, J. B./Seligman, M. E. (1967): Effects of Inescapable Shock Upon Subsequent Escape and Avoidance Responding, in: Journal of Comparative and Physiological Psychology, 63. Jg., H. 1, S. 28–33.

Quick, B. L./Bates, B. R. (2010): The Use of Gain- or Loss-Frame Messages and Efficacy Appeals to Dissuade Excessive Alcohol Consumption Among College Students: A Test of Psychological Reactance Theory, in: Journal of Health Communication, 15. Jg., H. 6, S. 603–628.

Quick, B. L./Shen, L./Dillard, J. P. (2013): Reactance Theory and Persuasion, in: Dillard, D./Shen, S. (Hrsg.): The SAGE Handbook of Persuasion, Second Edition, Los Angeles, London, New Delhi, Singapore, Washington D. C.: Sage, S. 167–183.

Raab, G./Unger, A./Unger, F. (2010): Marktpsychologie, 3., Auflage, Wiesbaden: Gabler.

Regier, S. (2007): Markterfolg radikaler Innovationen: Determinanten des Akzeptanzverhaltens, Wiesbaden: Deutscher Universitäts-Verlag.

Ringold, D. J. (2002): Boomerang Effects in Response to Public Health Interventions: Some Unintended Consequences in the Alcoholic Beverage Market, in: Journal of Consumer Policy, 25. Jg., H. 1, S. 27–63.

Robertson, T. S. (1961): The Process of Innovation and the Diffusion of Innovation, in: Journal of Marketing, Jg. 31, H. 1, S. 14–19.

Rogers, E. M. (1983): Diffusion of Innovations, 3rd Edition, New York: Free Press.

Salon, S. W. (1982): Helplessness and Facilitation: An Evaluation of the Proposed Integration of Reactance and Learned Helplessness Theories, repositories.tdl.org/ttu-ir/bitstream/handle/2346/16578/31295002852415.pdf [19.07.2015].

Seligman, M. E. (1999): Erlernte Hilflosigkeit, 3. Auflage, Weinheim, Basel: Psychologie-Verlag-Union Urban & Schwarzenberg.

Simon, B. (2001): E-Learning an Hochschulen – Gestaltungsräume und Erfolgsfaktoren von Wissensmedien, Lohmar: EUL.

Statista (2015): WhatsApp – Aktive Nutzer des Messaging-Dienstes 2015, de.statista.com/statistik/daten/studie/285230/umfrage/aktive-nutzer-von-whatsapp-weltweit/index.html [18.07.2015].

Steinhoff, F. (2006): Kundenorientierung bei hochgradigen Innovationen: Konzeptualisierung, Empirische Bestandsaufnahme und Erfolgsbetrachtung, Wiesbaden: Deutscher Universitäts-Verlag.

Stüber, E. (2008): Akzeptanz von Kaufempfehlungen im Internethandel – eine empirische Untersuchung, in: Forum der Forschung, 21. Jg., S. 139–144.

Trommsdorff, V./Steinhoff, F. (2013): Innovationsmarketing, 2. Auflage, München: Vahlen.

Trommsdorff, V./Teichert, T. (2011): Konsumentenverhalten, 8. Auflage, Stuttgart: Kohlhammer.

Vahs, D./Burmester, A. (2013): Innovationsmanagement: Von der Idee zur erfolgreichen Vermarktung, 4. Auflage, Stuttgart: Schäffer-Poeschel.

Venkatesh, V./Bala, H. (2008): Technology Acceptance Model 3 and a Research Agenda on Interventions, in: Decision Sciences, 39. Jg., H. 2, S. 273–315.

Venkatesh, V./Davis, F. D. (1996): A Model of the Antecedents of Perceived Ease of Use: Development and Test, in: Decision Sciences, 27. Jg., H. 3, S. 451–481.

Veryzer, R. W. (1998): Key Factors Affecting Customer Evaluation of Discontinuous New Products, in: Journal of Product Innovation Management, H. 15, S. 136–150.

Wang, Y.-S./Wang, Y.-M./Lin, H.-H./Tang, T. (2003): Determinants of user acceptance of Internet banking: an empirical study, in: Internationals Journal of Service Industry, 14. Jg., H. 5, S. 501–519.

Weiner, B. (1994): Motivationspsychologie, 3. Auflage, Weinheim: Beltz.

Wendlandt, M. (2009): Reaktanz gegenüber Kundenbindungsprogrammen, Frankfurt am Main: Lang.

Wendlandt, M./Schrader, U. (2007): Consumer reactance against loyality programs, in: Journal of Consumer Marketing, 24. Jg., H. 5, S. 293–304.

Wiswede, G. (2012): Einführung in die Wirtschaftspsychologie, 5. Auflage, München: UTB.

Wortman, C. B./Brehm, J. W. (1975): Responses to uncontrollable outcomes: An integration of reactance theory and the learned helplessness model, in: Berkowitz, B. (Hrsg.): Advances in Experimental Social Psychology: Volume 8, New York, London, Toronto, Sydney, San Francisco: Academic Press, S. 277–336.

Ziamou, P. L. (1999): The Effect of the Degree of Newness of a "Really New" Product on Consumers' Judgments, in: Advances in Consumer Research, 26. Jg., S. 368–371.